Un gato muy poco gato

Un gato muy poco gato

Texto: Elena O'Callaghan i Duch
Ilustraciones: Àngels Comella

 HOUGHTON MIFFLIN   BOSTON

4

Gregorio tenía un gato.

Mejor dicho, un gato tenía a Gregorio.

¿ Que cómo es posible ?

Fácil, muy fácil. Se lo voy a contar.

Gregorio iba muy a menudo a casa de sus abuelos.

Los abuelos de Gregorio vivían en una casita con planta baja, buhardilla y jardín.

AH, SÍ, *y una pequeña huerta.*

7

Y en eso que un día...

**apareció, todo esquelético,
todo famélico, un gato.**

¡Era Felipe,
naturalmente!

Estaba tan delgado, tan chupado, que a Gregorio le dio pena y le pidió a su abuela unas sobras de la comida para dárselas.

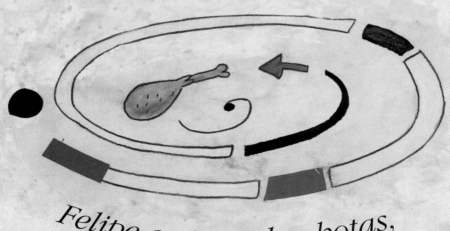

Felipe se puso las botas,

y desde aquel día decidió que...

**ésa sería su nueva casa
y aquél, su nuevo amo.**

11

Pero al poco tiempo,
la abuela de Gregorio ya estaba

¡HAR

TA!

¿Por qué?

Pues porque Felipe siempre escarbaba en la tierra justo cuando comenzaban a crecer las alubias.

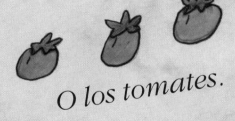

O los tomates.

O las zanahorias.

Da igual. 13

Y es que Felipe era un gato muy especial. No se comportaba como los otros gatos, los normales, vaya. Por ejemplo, todo el mundo sabe que los gatos tienen un sentido del olfato muy desarrollado. Pues Felipe no olía ni una sardina puesta a un palmo de su nariz.

14

Peor aún: ni siquiera le gustaban las sardinas.

¡Le daban náuseas!

15

Otro ejemplo:

A los gatos les encanta perseguir pájaros...

Pues Felipe, cada vez que veía el periquito de Gregorio,

huía disparado patas

...para qué las quiero.

Por el contrario, Felipe sabía hacer cosas que no hacen los otros gatos.

Acompañaba a Gregorio a comprar golosinas. Cuando alguien entraba en la casa, maullaba bien fuerte para avisar de la presencia del extraño.

Se tiraba a la piscina con su amo y nadaba a su lado. Cuando salía del agua, tomaba el sol con protección del número cuatro. -Por el sol -decía-. No quiero quemarme la piel y tener que ir al veterinario.

19

Un buen día,

Gregorio cogió su bicicleta y, cuando se disponía a dar una vuelta por los alrededores de la casa, fue Felipe y se le echó encima.

Y le dijo:

—Gregorio, no me dejes solo. Sácame a pasear contigo, por favor.

21

¡Toma ya! Gregorio se extrañó mucho, porque hasta entonces Felipe nunca se había atrevido a pedirle algo así.

Pero... ¡En fin!, se lo cargó en la cestilla de la bicicleta y, ¡marchando!, salieron a pasear.

23

Al día siguiente Felipe volvió a pedir lo mismo.

Esta vez, sin embargo, al regresar, pidió una horchata a la abuela de Gregorio.

-Es que tengo mucho calor -dijo-. Esto de ir en bici es muy cansado.

Gregorio se sorprendió: aquel gato cada día hacía cosas más raras.

-¿Cómo puedes estar cansado, si he pedaleado yo todo el rato?

-¡Psss! Ya ves... -fue la respuesta de Felipe, mientras se bebía tranquilamente la horchata.

24

Y al día siguiente, Felipe
quería salir otra vez en bicicleta.

—Pero déjame que yo la lleve, por favor —dijo Felipe.

Dicho y hecho. Gregorio se montó en la cestilla y Felipe, que apenas llegaba a los pedales con sus patitas, conducía la bicicleta.

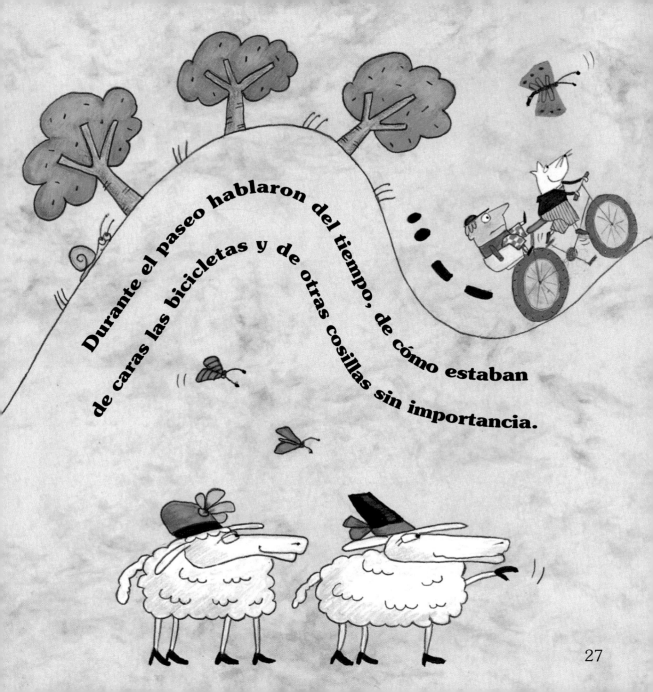

Durante el paseo hablaron del tiempo, de cómo estaban de caras las bicicletas y de otras cosillas sin importancia.

27

Cuando regresaron a casa, Gregorio se encontró con su abuela y le dijo

-Abuela, ¿hay bicicletas para gatos?
-¡Qué bobadas dices! ¿Por qué me lo preguntas?
-No..., por nada.

Pero al cabo de un rato, insistió:

-Abuela, ¿sabes una cosa? Estoy preocupado por Felipe.
-¿Ah, sí? ¿Por qué? ¿Qué le pasa?

-Estoy convencido de que el pobre Felipe

se cree...

29

que es un

¡PERRO!